Guillaume

Néry

{ À PLEIN SOUFFLE }

Guillaume Néry

Franck Seguin

Glénat

{ SOMMAIRE }

PAGE DE DROITE

Les derniers rayons du soleil percent timidement la surface des eaux niçoises. Le retour vers le monde de l'air se fait sans heurt.

{ AVANT-PROPOS }

Enfant, amoureux de la mer, je rêve de voyages en contemplant le large depuis la dune dunkerquoise et en lisant les aventures de Jean Bart, corsaire du roi. À 17 ans, inspiré par l'écrivain et réalisateur Pierre Schoendoerffer, avec qui j'irai en Afghanistan quelques années plus tard, je m'engage dans la Marine nationale. Je réalise mes premiers clichés à cette période. La découverte de la pratique photographique devient bien plus qu'un passe-temps : une passion dévorante.

Je suis aujourd'hui photojournaliste, un photographe qui raconte l'actualité en images pour la presse quotidienne et magazine ; je vise les unes et les doubles-pages, je couvre les grands événements de la planète. Cela a toujours été mon but. Mes modèles étaient les aventuriers de l'image des grandes agences de presse, comme Gamma, Sipa, Sygma, sauf que ma spécialité à moi, c'est le sport.

À l'aube des années 2000, André, un ami très cher qui a joué dans le film *Le Grand Bleu*, me parle d'un apnéiste profond, un Français originaire de Dunkerque, comme moi ; ma rencontre avec Loïc Leferme sera mon premier contact avec ce monde de l'apnée, je suis alors plus nageur que plongeur, encore moins apnéiste.

Je découvre un milieu nouveau et des hommes rares, des explorateurs des temps modernes. Tout est à inventer et à découvrir dans ce sport ; ils osent tout, ils sont audacieux. Ils sont basés à Nice et leur terrain de jeu est la rade de Villefranche-sur-Mer. Ces amphibiens ont leur mentor, Claude Chapuis, et un chef de file en la personne de Loïc, celui par qui le grand public va découvrir la discipline de l'apnée profonde, le « No Limit ». Il s'agit d'aller loin vers le fond à l'aide d'une gueuse sans beaucoup de règles techniques, le défi consistant en un aller-retour en une seule inspiration. Loïc descendra jusqu'à – 171 mètres !

Dès lors, je fréquente cette famille d'apnéistes de l'école niçoise. Parmi eux, un jeune homme de 20 ans, Guillaume Néry. Il est remarquable et déterminé. Son grand frère et modèle, c'est Loïc. Il ne le lâche pas d'une palme mais dans son regard, on sent déjà l'envie, dans le sillage de cet aîné, de tracer sa propre voie… Il est le petit jeune de la bande, l'hyper doué, curieux de tout et toujours volontaire ; je remarque qu'il absorbe toutes les informations comme une éponge. Je photographie régulièrement Loïc, mais

Guillaume n'est jamais loin, et sur mes images, je le retrouve très souvent : il n'est pas une simple silhouette parmi d'autres, mais une véritable présence qui attire le regard.

Un jour, Guillaume me sollicite. Son tour est venu. Il est en quête de record et il a besoin de photos ; j'accepte d'emblée. Nous apprenons à nous connaître et rapidement la complicité s'installe. Notre duo est prolifique, de pures images naissent de notre collaboration jusqu'à la récompense ultime pour le reporter-photographe que je suis : une photo de Guillaume à l'entraînement va remporter le prix mondial, le plus convoité en photographie, le World Press Photo, dans la catégorie Sport.

Avec les années, son palmarès s'étoffe, Guillaume l'esthète est devenu performeur, il est l'ambassadeur sur terre d'un univers aquatique qui ne pardonne pas l'erreur.

Puis, en 2015, à Chypre, du fait d'un mauvais marquage au cours des championnats du monde d'apnée auxquels Guillaume participe, le destin va s'inviter dans notre histoire commune. La marque qui indique la profondeur à atteindre doit être placée à 129 mètres, mais un maladroit la pose 10 mètres plus bas, à 139 mètres. L'accident survient au cours de la remontée, mais la mort n'est pas invitée. À peine réanimé, notre quadruple champion du monde y voit un signe et décide d'arrêter la course à la profondeur. Il a déjà goûté au monde de l'image, à la réalisation de courts-métrages avec sa compagne Julie Gautier, talentueuse jeune femme, sirène de haut vol dont les films enflamment les réseaux sociaux, désormais ils se consacreront à leurs projets. Justement, j'en avais un, de projet, et je m'en étais ouvert à Guillaume. En effet, délaissant le côté compétition de l'apnée, je m'intéressais, depuis quelque temps déjà, au « way of life » de cette discipline naturelle, à la manière des surfeurs en recherche de vagues inconnues à travers la planète, mon truc à moi, c'était plutôt de rencontrer les peuples de l'eau. Il a fallu accorder nos emplois du temps et choisir les destinations. Nous avons listé des lieux, des gens et des animaux extraordinaires de ce monde liquide. Un jour, peu avant le signal de départ, Guillaume prononça le titre du projet : « One Breath Around the World ». Il fut immédiatement adopté. Nul besoin de le discuter, il résumait l'aventure. Il ne restait plus qu'à se mettre en route...

Franck Seguin

{ GUILLAUME NÉRY }

Origines

De la compétition aux films sur l'apnée

Depuis l'espace, loin très loin, proche de Saturne, la sonde *Voyager 1* envoyée par le génie humain aux confins du système solaire, s'est un jour retournée et nous a photographiés. On distingue, perdu dans le cosmos infini, un timide petit point bleu pâle. Ce cliché, photo d'identité de notre planète, accompagné d'un texte émouvant de l'astrophysicien Carl Sagan, a bouleversé à jamais mon regard sur notre monde et notre rapport à l'univers. Couvrant près de 70 % de la surface de la planète Terre, ce sont nos océans qui teintent de bleu son scintillement. Ce bleu, j'ai décidé dès le plus jeune âge d'en sonder les nuances et les mystères.

J'ai grandi à Nice, avec la montagne comme écrin et la mer comme horizon. Ma soif d'explorer la nature et ses grands espaces me conduisait alternativement des sommets du Mercantour aux profondeurs de la Méditerranée. J'ai bâti mon identité et poursuivi mes rêves dans cet équilibre. Mes errances verticales avaient le même fil conducteur : la simplicité. Ni artifice ni technologie pour entraver une relation fusionnelle avec mon environnement ; la marche et l'apnée comme seuls outils. Un jour, l'inconnu des grands fonds a pris le dessus. Mais on ne plonge pas en apnée seul. À Nice, les pionniers de l'apnée moderne commençaient tout juste à écrire les premières pages d'une aventure qui n'a cessé de s'embellir depuis. J'ai 15 ans, j'intègre le groupe, l'école niçoise. J'y rencontre Claude Chapuis qui devient mon mentor, et Loïc Leferme qui construit alors sa légende. Au fil des années, Loïc est devenu un modèle, une inspiration, puis un ami intime dont je suivais le chemin. Il était l'homme le plus profond du monde. En 2007, il perdra la vie lors d'un entraînement, laissant un vide incommensurable. À eux deux, Claude et Loïc m'ont transmis bien plus que de simples conseils techniques. Ils m'ont enseigné une philosophie de l'apnée et de l'exploration, mais surtout des valeurs de vie essentielles : la générosité, le respect de la mer, la patience, l'humilité, le plaisir.

Entouré de la bienveillance du groupe et l'âme bien nourrie, je m'aventure dans l'obscurité des grandes profondeurs. Pas à pas, mon corps se transforme, la mer le façonne pour qu'il s'adapte à l'hostilité des abysses. Le petit nouveau devient le petit jeune qui monte, puis l'espoir français et enfin, à tout juste 20 ans, le plus jeune recordman du monde de l'histoire de l'apnée, avec une plongée à 87 mètres de profondeur à la seule force de la monopalme. Je suis allé au bout d'un rêve que je n'osais même pas exprimer quelques années plus tôt. À trois reprises par la suite, ce record sera mien.

C'est en 2006, alors que je me prépare à battre mon troisième record du monde à – 109 mètres, que je passe devant l'objectif de Franck Seguin. Franck photographie tous les sports, tous les sportifs. Mais c'est sous la surface de l'eau, son appareil emprisonné dans un caisson étanche, qu'il exprime sa passion secrète pour les humains aquatiques. Tous les grands noms de l'apnée y sont passés. Pierre Frolla, Stéphane Mifsud, Herbert Nitsch, et bien sûr Loïc Leferme. Au cours de leur collaboration en 2004 sur le cinquième record de Loïc, je découvre ce regard nouveau porté sur notre discipline. Je suis subjugué. J'ai le sentiment qu'enfin un photographe parvient à capturer avec finesse notre relation intime à l'eau. Franck n'est pas un plongeur qui a commencé à faire de la photo – comme c'est souvent le cas –, c'est un photographe qui a appris à plonger. Il manie la lumière, le cadre et le rapport à son sujet avec intuition et expérience. L'eau devient le révélateur de sa créativité. Cette subtilité lui donne une longueur d'avance sur chacun des projets aquatiques qu'il entreprend. À l'issue de notre première collaboration, nous remportons le prestigieux World Press 2007, catégorie Sport, l'oscar dans le milieu du photojournalisme. Une complicité est née. Franck m'accompagne au fil des années et des mètres gagnés. Lorsque mon rapport à la mer évoluera de la simple recherche de performance sportive à une quête plus profonde d'exploration personnelle, de liberté et d'harmonie, le regard de Franck saura le percevoir et le retranscrire en images dans une série réalisée en 2013 pour le magazine *L'Équipe*.

En 2015, je réalise la plongée la plus profonde de l'histoire en compétition à – 139 mètres, mais je remonte inconscient. Cette cinquième tentative de record du monde sera l'ultime. Avec ma compagne Julie, nous décidons de mettre en images un projet qui me taraude depuis quelques années, une odyssée onirique aquatique dans divers sites sous-marins emblématiques. Au même moment, Franck me propose un grand voyage au cours duquel il me photographiera, évoluant en apnée dans des décors atypiques.

La synchronicité de nos imaginaires est à l'origine de ce grand voyage sur la planète bleue.

GN

PAGES 10 & 11

Affleurant la surface de la rade de Villefranche-sur-Mer, j'ai le sentiment d'habiter ce monde…

CI-CONTRE

Dans la rade de Villefranche-sur-Mer, mon bastion, ma baignoire, là où j'ai réalisé trois de mes records du monde. J'aime m'y entraîner l'été, à la tombée du jour, quand la frénésie touristique sur l'eau retombe avec les rayons du soleil qui effleurent l'horizon. Avant l'immersion, je prends une ultime inspiration (2006).

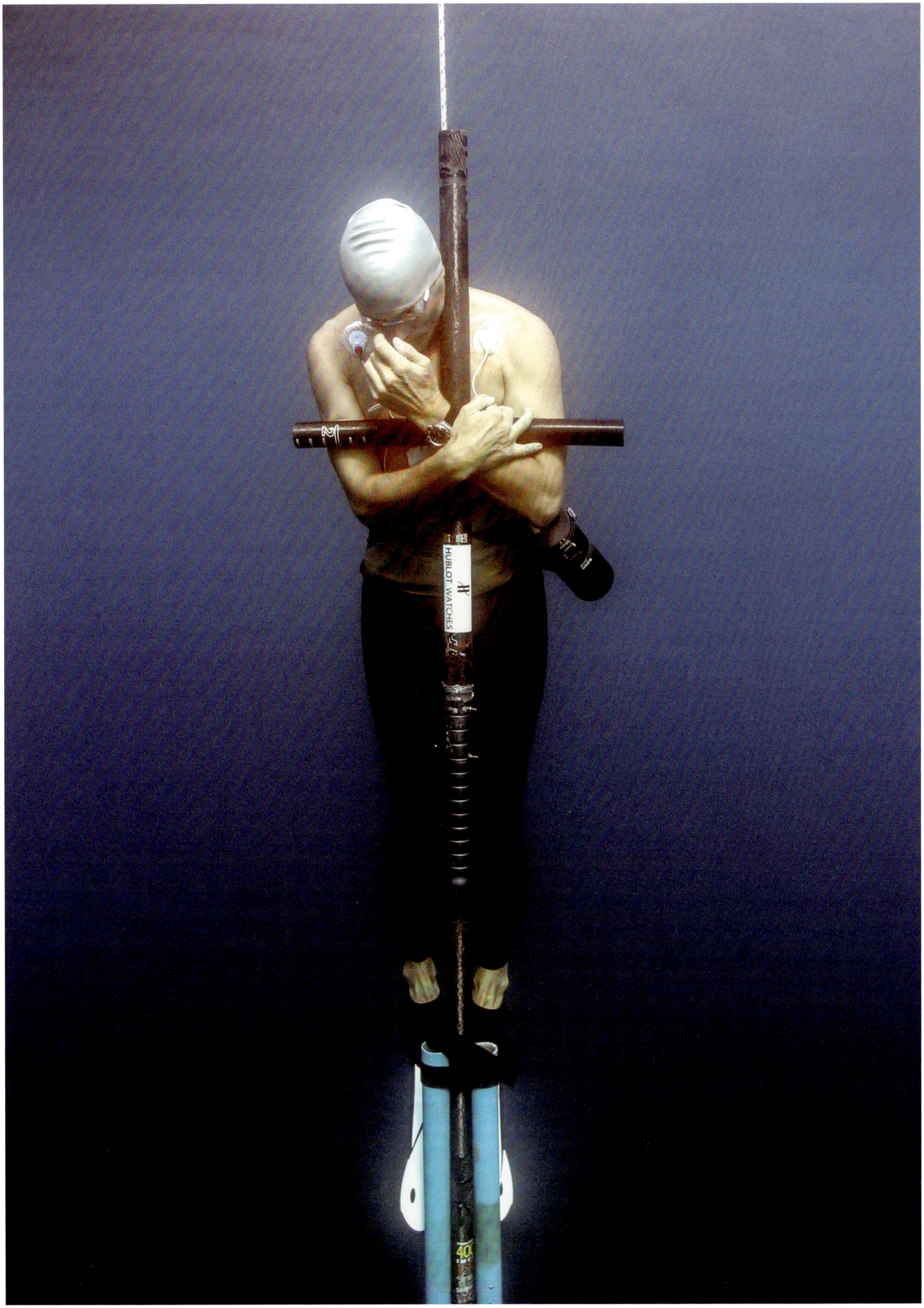
HUBLOT WATCHES

PAGE DE GAUCHE

Loïc Leferme, mon modèle, mon ami, mon grand frère des profondeurs. Ce qui l'attirait, c'était la quête de la profondeur absolue. Peu importaient les moyens, il voulait comprendre et percer le mystère de l'adaptation du corps en milieu hostile, toujours plus bas. Il collaborait avec Philippe Afriat, cardiologue, pour associer la science à ses projets (2004).

À GAUCHE

Les exercices de respiration ont toujours fait partie de mon quotidien. Plus je me rapproche d'une tentative de record du monde, plus ils deviennent essentiels (2006).

À DROITE

Je me souviens de cette séance de portraits avec Franck. J'étais intimidé. Lui, le photographe des légendes du sport, avec le Petit Poucet de l'apnée française (2006).

1

2

3

1

Malgré l'échec le jour de ma première tentative à – 109 mètres, je garde le sourire, car je sais qu'une deuxième chance me sera offerte. Franck avait insisté pour ce portrait de famille. Aux côtés de Claude Chapuis, mon père spirituel, et de Loïc, mon guide (2006).

2

L'effervescence après la réussite du 5e record du monde de Loïc en No Limit à – 171 mètres. Je suis son apnéiste de sécurité ; j'ai été présent à ses côtés pour ses cinq records du monde (2004).

3

C'est le jour J, le jour de la tentative de record, tout le monde est présent sur l'eau : les amis, dont ceux qui assurent la sécurité, le mentor, le docteur et Julie…

CI-DESSUS

Avec ce cliché pris lors de ma préparation à mon 3e record du monde à – 109 mètres, Franck remporte le prestigieux prix du World Press dans la catégorie Sport (2006).

PAGES 20 & 21

Avant de réaliser les premières photos, Franck me demande si je n'ai pas une combinaison jaune fluo. Quelle drôle d'idée ! Il a un cliché en tête, et je décide de braver l'impossible pour lui permettre de s'exprimer pleinement (2006).

CI-DESSUS

Julie et moi sommes ensemble depuis un an, mais Franck a bien compris que ce n'était qu'un début. Il nous demande de remonter, main dans la main, le regard dans la même direction, vers le soleil et la lumière (2006).

PAGE DE DROITE

En Égypte, Franck nous photographie en habits de gala. Costumes et robes de grands couturiers seront plongés dans les eaux salées de la mer Rouge pour quelques pas de danse improvisés (2011).

PAGE DE GAUCHE

De loin ma photo préférée de la série. Elle apporte un relief, une perspective, une profondeur inédite.

CI-DESSUS

Ce fut notre première séance photo ensemble, avec Julie. Il y a là l'amorce de nos créations futures, où les mises en scène permettent d'utiliser l'eau comme un outil au service d'une créativité sans limite.

CI-DESSUS

Danse improvisée avec Julie pour le magazine *Paris Match* qui réalisait un premier article sur notre amour aquatique.

PAGE DE DROITE

C'est la première photo de Loïc réalisée par Franck sur laquelle je suis tombé. Je me rappelle être resté subjugué. Elle est simple, sobre, mais tellement puissante et criante de vérité. C'est comme si, pour la première fois, un photographe avait réussi à mettre Loïc à nu, dans son rapport à l'eau. Ce jour-là, j'ai compris le génie de Franck (2004).

EN HAUT & CI-DESSUS

La surface est une frontière entre deux univers, entre ciel et mer, une frontière en perpétuel mouvement. C'est une zone où les éléments se répondent, se nourrissent, interagissent en permanence. Juste sous la surface, les rayons du soleil prennent vie et la lumière est sublimée.

CI-DESSUS

Après 3 minutes 30 d'apnée, je reviens des profondeurs obscures. Quelques mètres avant la surface, je laisse l'air jusqu'ici emprisonné quitter mes poumons. Je suis prêt à inspirer de nouveau, tel un nouveau-né.

PAGE DE DROITE

Le mythe de Narcisse revisité. Mon corps à peine immergé, c'est mon ego tout entier qui se dissout dans la mer. Ce n'est plus l'image superficielle que je guette dans le reflet mouvant de la surface ; je contemple les tréfonds de mon âme.

{ ÎLE MAURICE }

Un goût de

perfection

Nous avons comme premier camp de base l'île de La Réunion, où Julie, notre fille Maï-Lou et moi-même décidons de résider pour une tranche de vie de quelques mois. Julie y a pour moitié ses racines du côté maternel. Jusqu'à ses 25 ans, c'est le long des côtes de « l'île intense » qu'elle apprivoisera la profondeur et son silence. J'ai noué moi aussi un lien d'adoption avec La Réunion et l'océan Indien qui la borde après mon deuxième record du monde établi en 2004 à la profondeur de 96 mètres. Ce retour aux sources est un excellent point de départ pour notre chevauchée aquatique. Il faut bien commencer. Des échanges avec Franck et Julie, des hésitations, des tergiversations, mais une envie plus forte que la peur. C'est finalement la géographie qui nous imposera la première destination. Quarante-cinq minutes de vol et 200 kilomètres nous séparent de l'île Maurice, deuxième île de l'archipel des Mascareignes. Bien que la concentration des hôtels de luxe en certaines parties de l'île constitue une curiosité en soi, ceux qui motivent notre première exploration sont des mammifères comme nous, qui partagent leur vie entre la surface et les abysses. Il se dit qu'ils sont les plus profonds, entre 2 000 mètres et 3 000 mètres, là où se jouent dans l'obscurité absolue de violents combats avec le calmar géant dont ils se nourrissent. Nous allons rencontrer ceux qui ont inspiré la légende de *Moby Dick* : les cachalots. Pour tous les apnéistes, les cachalots représentent la perfection de l'évolution darwinienne. Des millions d'années en immersion leur ont permis de développer des adaptations que l'intelligence humaine peinerait à reproduire. L'une d'elles m'a depuis toujours subjugué : le spermaceti. Cette substance blanche stockée dans la tête de l'animal lui permet d'ajuster sa flottabilité. Soit elle le refroidit en laissant pénétrer de l'eau en périphérie, afin d'augmenter sa densité et ainsi lui permettre de glisser à moindre effort dans les profondeurs, soit elle le réchauffe en utilisant son système sanguin, diminuant alors la densité du liquide afin de rejoindre la surface à moindre coût. Il semblerait aussi que le spermaceti joue un rôle clef dans l'écholocation utilisée pour localiser les proies et communiquer. Quelle merveille !

Seuls, nous aurons beaucoup de mal à trouver ces carnassiers sur leur terrain de chasse. La chance est une condition indispensable, mais nous devons la maximiser en nous entourant de spécialistes. Parmi eux, Clovis sera notre guide privilégié. Nous cherchons le long de la côte ouest de l'île, au large, en suivant la bande des 2 000 mètres de fond. Une dizaine de paires d'yeux scrutent l'horizon à la recherche du souffle d'un cachalot. En vain. Lorsque la vue s'avère insuffisante, l'acoustique prend le relais. Clovis plonge un micro dans le bleu, y branche un casque, ferme les yeux et écoute. Pour nous, c'est un vacarme indéchiffrable, une soupe de sons de la mer. Pour lui, c'est une évidence. Entre le clapotis contre la coque du bateau, les vagues qui écrasent sur le récif, la faune qui pullule dans les patates de corail, il distingue clairement les cliquetis émis par les cétacés. Ils sont proches, ils sont en action de chasse pour le moment, c'est un groupe d'une quinzaine d'individus, aucun mâle ; dans moins de quinze minutes, ils seront dans un rayon de 300 mètres autour de nous, en pleine récupération en surface. Nous sommes stupéfaits par une telle précision dans la prévision. Nous nous préparons dans un mélange d'excitation et de concentration extrême. Mes choix dans l'équipement sont décisifs pour la suite de notre odyssée. Un souffle perce la surface. Les voilà. Nous nous glissons sans bruit dans l'eau, accompagnés de nos apnéistes de sécurité, Wilo et Nicolas, nos anges gardiens. De loin, la silhouette des cachalots évoque un sous-marin. Certains les considèrent moins gracieux que les baleines à bosse et leurs longues nageoires pectorales. Moi, je les trouve majestueux, incarnation de la puissance et du mystère des océans. Les premiers contacts ne sont que contemplation. Ils passent, insensibles à notre présence, et nous les regardons. Chaque jour, ils sont plus nombreux, mais restent timides. Un autre jour, ils demeurent invisibles. Dix heures passées sur l'eau sans le moindre contact. Et puis, il y a ce dernier jour, récompense de notre patience ; abnégation et profond respect de ce que la nature nous a déjà donné. Je me souviens avoir assisté, seul à l'avant du bateau, au réveil du monde. Nous avançons, la proue vers les premières lueurs du jour qui portent en elles l'espérance d'une rencontre, d'une interaction, d'une communion avec ces cachalots que nous tentons d'amadouer. Je suis baigné d'une intuition, de la certitude qu'un moment de grâce va nous être offert. Cet état dépasse la joie ou l'excitation. Je suis dans une plénitude totale, une sérénité intérieure, connecté avec les éléments, en harmonie avec l'océan. Et tout se déroule comme dans un songe. Il y a d'abord un gros mâle de plus de 15 mètres de long. Il est accompagné de sa tribu. C'est lui qu'il faut amadouer pour être accepté. Je reste en périphérie. Franck et Julie m'accompagnent. Nous sommes discrets, en attente de l'approbation. Après trente minutes de séduction, les portes du groupe s'ouvrent. Nous vivons un moment d'une rare intensité. Les femelles et les juvéniles se roulent les uns contre les autres, semblant se câliner à l'infini. Certains nous approchent, nous interrogent, sondent notre âme avec leurs cliquetis qui nous transpercent. D'autres sont dans une telle confiance qu'ils entament une petite sieste, immobiles, à la verticale, tête vers le haut. Ils sont alignés en chandelle tels des monolithes. Cette vision surréaliste est sans nul doute le comportement animalier le plus spectaculaire et émouvant que j'ai pu observer autour du globe. Ce premier épisode s'achève avec une saveur de perfection.

PAGES 34 & 35

Lorsque les cachalots arrivent devant moi, j'ai l'impression de flotter face à des sous-marins.

CI-DESSUS

À l'arrière du bateau, nous sommes prêts à tout moment à aller à l'eau.

CI-DESSUS

Le temps passé en surface est précieux. C'est ici que je récupère, entre relâchement pour minimiser ma consommation d'oxygène et vigilance pour ne jamais perdre de vue les animaux.

EN HAUT

Une histoire de famille. C'était la première fois que Maï-Lou rencontrait un grand mammifère marin. Moi aussi, d'ailleurs !

CI-DESSUS

Ce comportement animalier est probablement le plus spectaculaire et le plus apaisant que j'ai pu observer dans le monde sauvage.

CI-DESSUS

En ce dernier jour, nous avons pu être acceptés dans un groupe au repos en surface. Petits et maman se câlinent alors que le mâle n'est pas loin.

PAGES 42 & 43

Je me fais surprendre par un groupe qui passe près de nous. Sans mes palmes, je les accompagne un bref moment avant de retourner à ma condition de piètre plongeur apnéiste mammifère humain.

PAGE DE DROITE

Je me demande à chaque fois comment les cachalots nous perçoivent, nous, petits êtres armés de nos bras et jambes, lorsque nous tentons d'établir le contact.

PAGES 46 & 47

Même s'il faut rester vigilant au contact de la nature sauvage, les cachalots sont d'une habileté extrême et maîtrisent leur corps à la perfection.

CI-DESSUS

La forme atypique des cachalots est une curiosité, mais surtout une merveille de l'évolution.

PAGE DE DROITE

Je suis de plus en plus proche. La tentation d'établir un contact physique est forte mais je me l'interdis.

{ MEXIQUE }

Dans les limbes des cénotes

Notre odyssée se prolonge en terre maya. Il y a quelques années, j'ai réalisé la plongée la plus surréaliste et la plus inattendue de toutes mes explorations, dans les cénotes de la péninsule du Yucatán, véritables gouffres immergés en plein cœur de la jungle formant un réseau souterrain infini, et dont l'eau douce translucide termine son trajet dans l'océan. Aucun mot ne sera assez juste pour traduire la magie de ce monde englouti. Les photos de Franck et les images de Julie seront plus parlantes. Il est des aventures où l'on s'embarque avec plus de légèreté que d'autres. Dans le plein océan, nous sommes esclaves des conditions météo capricieuses. Avec les animaux sauvages, nous sommes à la merci de leur bonne volonté à croiser notre chemin et d'une part significative de chance. Ici, j'ai la certitude que les gouffres existent, tapis au fond de la jungle. Peut-être plus pour longtemps. Aucune merveille de ce monde n'échappe à la pression humaine qui gangrène même les espaces les plus reculés. Autrefois, les Mayas vouaient un culte à ce qu'ils imaginaient être la porte d'accès à l'inframonde, là où l'âme des défunts subsiste. Aujourd'hui, des flots de touristes sont déversés dans la région chaque année. Ils sirotent des cocktails servis au bar des hôtels qui pullulent dans l'indifférence, et se baignent dans l'eau chlorée des piscines qui siphonnent en silence les cénotes impuissants face la vanité des hommes. Leur immuabilité est en sursis. Mais quand je pose mes pieds en terre mexicaine, ils sont encore là. Ils seraient au nombre de 10 000 ; nous n'en connaissons que le quart. Chaque semaine, des aventuriers des temps modernes dénichent dans la jungle épaisse de nouveaux terrains d'exploration. Je choisis de me rendre d'abord à Angelita, un cénote familier des plongeurs, mais qui ne cessera jamais de me combler. « Encore ! » s'exclame Julien Borde, apnéiste français installé ici depuis dix ans, notre guide responsable de notre sécurité. Angelita est son bureau et il s'acharne à vouloir nous faire découvrir d'autres trésors méconnus. Mais Angelita est hypnotisante. Elle envoûte celui qui s'y aventure. Elle a du caractère et ne se laisse pas charmer à la première immersion. Je connais les lieux, pourtant je me fais surprendre une énième fois. Je quitte la surface, et je nage dans la soupe. Je suis venu pour un bain en eau claire, je récolte l'eau croupie d'un étang. Quinze mètres, les rayons du soleil n'agressent plus la surface de ma combinaison mais diffusent une lumière douce, et progressivement la visibilité s'améliore. Dix-neuf mètres, la brume se dissipe enfin totalement. Comme la première fois, je suis subjugué et effrayé. Mon cœur s'emballe. Ce paysage est une représentation fantasmée de l'enfer. En bas, un énorme nuage blanc tapisse le fond du gouffre. Autour, une paroi verticale circulaire délimite les contours. L'eau est tellement translucide qu'elle en disparaît du décor. La cavité est immense et j'en vois clairement les limites. C'est un amphithéâtre naturel au cœur duquel je suis suspendu. Des troncs d'arbres percent la couche blanche. Des branches s'enchevêtrent. Mêlées aux feuilles mortes qui chaque jour coulent dans le trou d'eau, elles forment une île qui semble flottante. Je m'y pose pieds nus et j'entame une promenade, par 30 mètres de fond. Je marche à la surface d'une autre planète. Lorsque la confiance me gagne enfin, j'ose une incursion à travers le nuage. Dessous, c'est l'obscurité et je retrouve l'eau de mer qui s'est infiltrée. Plus dense, elle reste au fond. La séparation entre l'eau de mer et l'eau douce est appelée « halocline ». J'enchaîne les plongées sous l'œil expert de Julien, sans être jamais rassasié. Un autre jour, nous filons plus en profondeur vers des contrées plus sauvages. Julien nous ouvre les portes d'un cénote dont lui seul connaît l'accès. Nous tenons promesse et ne révélerons rien, pas même sous la torture, sur son emplacement. Le diamètre du puits ne dépasse pas 10 mètres, mais les parois s'élargissent à peine avons-nous quitté la surface. Ici, le décor est simple, pur, minéral, la visibilité est parfaite dès la surface, autorisant un large rayon à fendre l'espace. D'abord, il fut mon fil d'Ariane, le lien visuel entre la surface et le fond du gouffre, et je restais blotti en son sein. Puis je m'en suis extrait, je me suis plongé dans le volume infini de cette cathédrale inondée, et je l'ai contemplé depuis l'obscurité. C'est un lieu imprégné de silence qui appelle à une méditation sur l'espace et le temps. Il y a soixante-cinq millions d'années, c'était le chaos ici même. Notre planète était heurtée de plein fouet par une météorite et vivait le plus grand cataclysme de son histoire. Les dinosaures n'ont pas survécu. Le cratère est à quelques kilomètres au nord de la péninsule. La formation des cénotes serait ainsi une conséquence directe de l'onde de choc qui aurait fragilisé les sous-sols du Yucatán. La fin du règne des dinosaures permit l'émergence des mammifères. Je contemple en silence la cicatrice du cataclysme qui a permis à mes ascendants d'évoluer en paix, et à moi, l'*Homo sapiens*, d'exister.

1

2

3

4

1

Ce petit escalier est le passage obligé pour accéder au cénote Angelita. Julie récupère pendant que nous échangeons sur les prochaines images à réaliser.

2

Julien nous guide vers un cénote loin du circuit classique. Nous nous imprégnons du lieu avant le grand plongeon.

3

De gauche à droite : Louis, Rodrigo et Julien, les trois artisans de la réussite de notre expédition mexicaine.

4

En plein cœur du Yucatán, la société de consommation a laissé son empreinte sur les parois des murs du village.

PAGES 52 & 53

Plonger en apnée, c'est savoir s'abandonner à une énergie qui nous dépasse. Dans les eaux cristallines de ce gouffre, mon corps lourd m'entraîne aux frontières de l'inframonde. Au-delà de la surface, je distingue les cimes hautes des arbres de la jungle du Yucatán.

PAGE DE DROITE

Sous l'épaisse végétation de la forêt du Yucatán, seuls les reflets bleus à la surface de l'eau permettent de repérer les cénotes.

CI-DESSUS

Dans ce premier cénote visité, à très faible profondeur, nous cherchions un habitant peu commun : un crocodile.

CI-CONTRE

On retrouve dans ces décors une combinaison unique de minéral et de végétal, sublimée par la transparence de l'eau. J'évolue en être hybride, amphibien, et mes déplacements sont un mélange terrien et aquatique, entre marche, escalade et nage sous-marine.

#1

#2

#3

1

Descendre dans l'inframonde des Mayas est une expérience unique.

2

Suspendu à une branche morte, à 26 mètres de profondeur, je scrute l'horizon d'Angelita.

3

La quiétude du cénote peut devenir angoissante tellement la sérénité est pesante.

PAGES 62 & 63

Je déambule sur le rivage d'un l'îlot de feuilles et de branchages, au fond du cénote Angelita.

CI-CONTRE

C'est pour cette photo que nous nous sommes retrouvés ici, au Mexique. Franck l'a imaginée depuis son bureau parisien. Face à l'objectif, le corps à moitié englouti par l'épaisse couche d'hydrogène sulfuré de l'halocline, je surgis des ténèbres.

CI-DESSUS

Lorsque je m'écarte du rayon, je me fonds dans l'obscurité, et seuls quelques résidus de lumière se reflètent dans le bleu de ma combinaison.

PAGE DE DROITE

L'eau claire des cénotes réveille mon âme d'enfant. Suspendu sous la surface, je suis un astronaute en apesanteur.

CI-DESSUS

La transparence de l'eau et la pureté de la lumière transforment une apnée en aventure quasi mystique.

PAGE DE DROITE

Julien, mon apnéiste de sécurité, veille sur moi alors que je prends la pose pour Franck. Les distances sont trompeuses, ici. On y voit si bien qu'il est facile de se laisser aller à quelques mètres supplémentaires, à quelques secondes de plus. La vigilance est de mise.

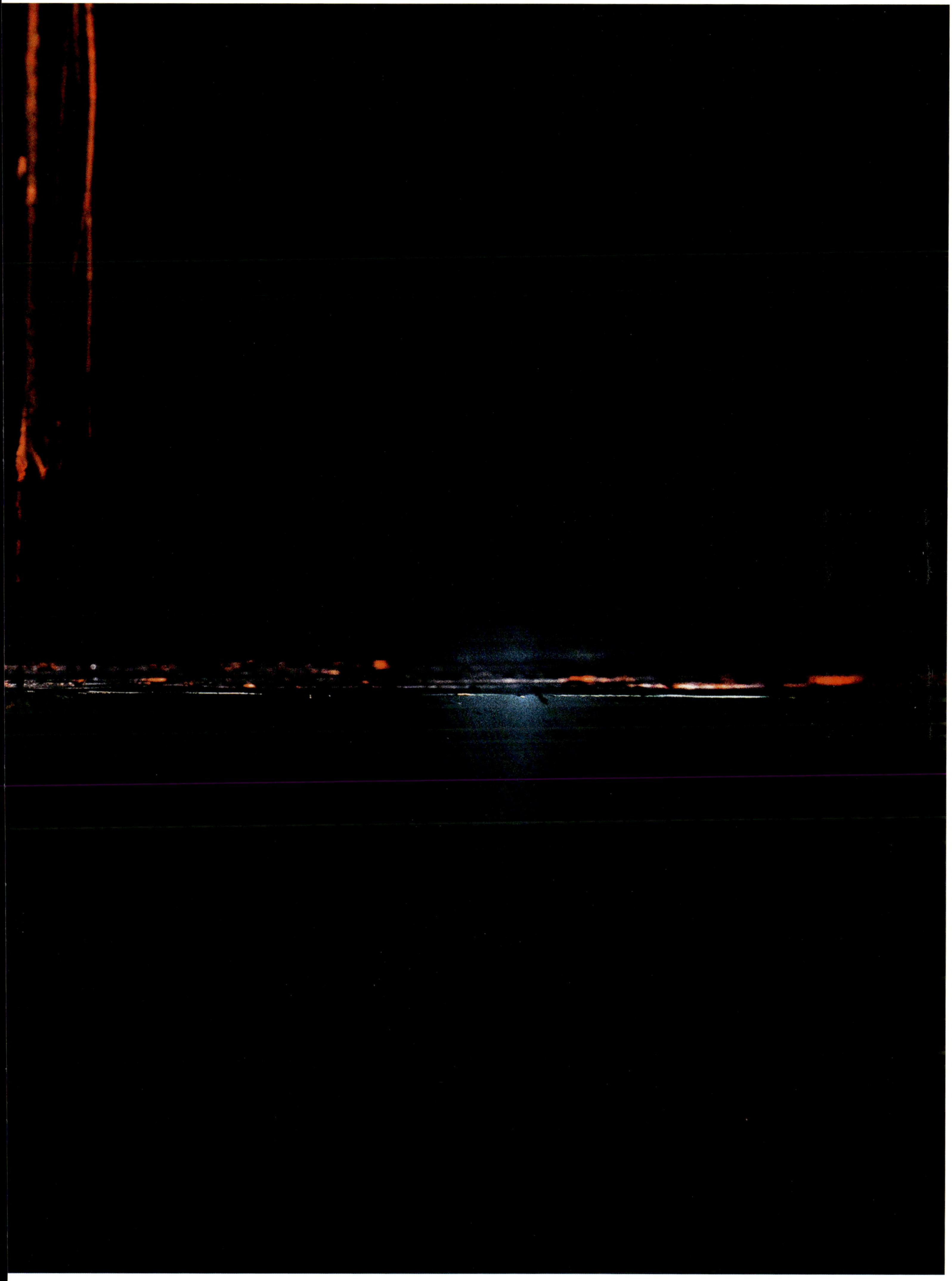

PAGES 70 & 71

Certains arbres avides d'eau douce n'hésitent pas à envoyer leurs racines dans les entrailles d'un gouffre.

CI-CONTRE

La nature de la roche, la clarté de l'eau, la profusion de vie végétale, rien, pas même les couleurs extravagantes sous la surface, ne nous ramène à nos références et codes habituels du monde sous-marin.

PAGES 74 & 75

Lorsque Franck se positionne sous moi, en contre-plongée, toutes les pièces du décor sont en position : le gouffre lumineux, les rayons verticaux qui tranchent l'obscurité, la jungle aérienne en arrière-plan avec, au devant, les racines qui l'abreuvent. Mais quand, par chance, et surtout par expérience, Franck capte l'instant décisif où un rayon se reflète sur le verre de mon masque en direction de l'objectif, alors la photo devient un tableau.

{ PHILIPPINES }

Bajau

Le dernier peuple de la mer

CRESSI
FREE

Lorsque je quitte la surface, je me connecte instantanément à l'essentiel. À mon corps que j'adapte avec patience à l'hostilité des extrêmes, à mon âme dont je parcours les abîmes insondables dans le silence, à l'univers dont je ressens la vibration au contact de l'eau, aux hommes, ceux qui m'accompagnent et m'entourent de leur bienveillance pour éclairer les chemins obscurs des grands fonds. Pour la troisième étape de notre périple, ce sont ces hommes dont le quotidien est imprégné des profondeurs que j'ai souhaité rencontrer. C'est une quête de reconnexion avec les origines, avec les racines de la plongée en apnée, qui nous conduit sur le continent asiatique. Sur l'île de Mindanao, dans le sud des Philippines, vivent encore quelques tribus de Sama, plus connus sous le nom de Bajau, où «nomades des mers». Ils sont pêcheurs et plongent en apnée depuis l'enfance pour survivre et nourrir les leurs. De récentes études ont montré que des siècles d'immersions ont modifié leurs gènes pour qu'ils puissent plonger en apnée plus longtemps: leur rate, dont la contraction permet de libérer un surplus de globules rouges oxygénés dans le sang, est beaucoup plus développée que chez les autres humains.

Nous rencontrons d'abord Juli et Salomon. Juli a une trentaine d'années, il est chétif, à contre-courant du fantasme de l'apnéiste aux gros poumons, mais plonge à – 79 mètres. Son visage est doux, même si le soleil a laissé sur sa peau tachetée une empreinte déjà indélébile. Il enchaîne quelques timides respirations, une main accrochée à un lest en forme de croix, et l'autre armée de son fusil en bois fait maison. Impassible, il quitte la surface sans une éclaboussure. Son corps dépourvu de graisse n'offre aucune résistance, aucune flottabilité. Il s'enfonce à grande vitesse. Je l'accompagne sans palme moi aussi, mais emmitouflé dans ma combinaison qui me protège du soleil écrasant. Par plus de 30 mètres de profondeur, je me fonds en silence dans son décor et je contemple l'irréel. Debout, arme au poing, l'ondin se métamorphose en guerrier. Rejoint par Salomon, il observe, tourne sur lui-même et entame avec son allié une marche dans le courant. Sur terre, ils déplacent leur corps avec maladresse et nonchalance. Sous l'eau, ils évoluent avec grâce, agilité et détermination. Je les suis en profitant du courant qui me porte aussi et, tel un cosmonaute, je saute de pierre en pierre, sans jamais les quitter du regard. Ni la pression, ni les secondes qui s'égrènent ne semblent avoir d'emprise sur eux. Ils ont une quête, et chaque immersion doit nourrir une bouche au village, leur survie en dépend. Nous avons des chemins, des histoires, des quotidiens que tout sépare, mais l'eau nous met à nu et tisse un lien de filiation. Nous, apnéistes, sommes les descendants des Bajau.

Nous rencontrerons pendant notre séjour un autre groupe de Sama, plus traditionnels encore. Ils plongent sans poids, sans palme, munis seulement d'une paire de petites lunettes en bois. Ils vont moins profond mais les suivre est une épreuve. Leurs yeux affûtés les guident dans leur délicate quête de poisson. Aux Philippines, la pêche intensive ayant vidé l'océan de ses ressources, les gypsies de la mer peinent aujourd'hui à remonter une prise plus grande que leur main. Le dernier jour, nous rencontrons l'imam El Dio, un plongeur très respecté à Davao de par ses aptitudes aquatiques (il plonge à près de 70 mètres) et son statut religieux (les Bajau sont majoritairement musulmans). Avec sa petite moustache, il a des allures de Jacques Mayol. Ses dents du bonheur, son sourire malicieux d'une grande humanité et ses traits fins transpirent la sérénité. L'imam plonge avec une palme unique en bois et un gros masque, à cheval entre tradition et modernité. Entre les immersions, nous échangeons avec grand bonheur quelques mots d'anglais. Après trois plongées, son fusil casse. Étonnamment, il m'accompagne sans son arme, et sans autre but que de partager l'ivresse des profondeurs, jusqu'au crépuscule.

BARA
000632

PAGES 78 & 79

La rencontre de deux univers, unis par une même connexion avec l'élément liquide.

CI-CONTRE

L'entrée du village de fortune du clan de Juli et Salomon, avec ses bankas en guise de remparts.

FREEDIVING
CORON

#1

#2

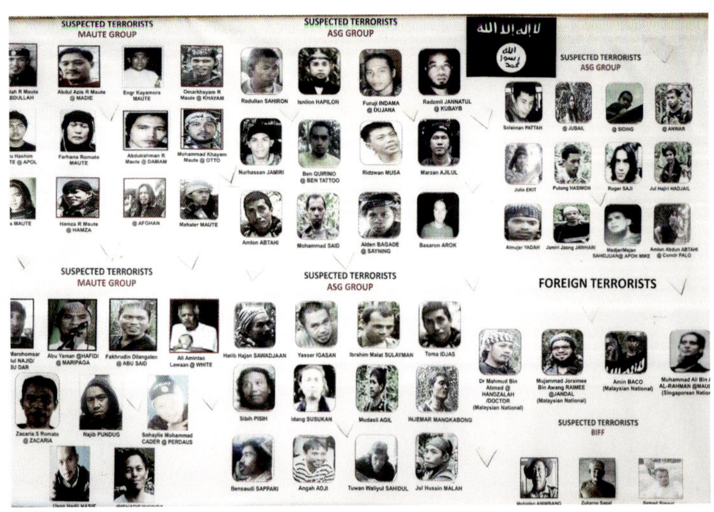
SUSPECTED TERRORISTS
MAUTE GROUP
SUSPECTED TERRORISTS
ASG GROUP
SUSPECTED TERRORISTS
ASG GROUP
SUSPECTED TERRORISTS
MAUTE GROUP
SUSPECTED TERRORISTS
ASG GROUP
FOREIGN TERRORISTS
SUSPECTED TERRORISTS
BIFF

#3

1

Nous sommes reçus avec fierté et simplicité dans les familles de Juli et Salomon. Les Bajau sont opprimés, abandonnés à leur sort. Nous sommes bouleversés par le décalage qui existe entre nos modes de vie, alors que nous sommes si proches lorsque nous explorons les profondeurs.

2

La région de Davao est à haut risque terroriste. Nous sommes continuellement accompagnés par des gardes qui veillent sur nous.

3

Avis de recherche ! Les terroristes sont légion dans cette région des Philippines.

CI-DESSUS

Lorsque nous ne pouvons échanger avec les mots, les regards suffisent.

1

2

3

1

Fin de tournage avec Franck et Julie. J'enfile une combinaison plus fine pour prolonger la sortie et effectuer quelques descentes.

2

Les jeunes présents sur le bateau observent leur aîné avec admiration.

3

Une palme unique en bois, bricolée avec un vieux bout de caoutchouc, sera la seule aide extérieure de l'imam pour sa remontée.

CI-DESSUS

Dernière inspiration avant une immersion partagée.

PAGE DE GAUCHE

Souvent, les Bajau sont indifférents à ma présence. Je les accompagne, mais je suis bien en peine. Ils sont d'une efficacité redoutable.

CI-DESSUS

Certains utilisent des palmes rudimentaires pour se propulser.

CI-CONTRE

L'instant décisif. Le poisson est dans le viseur, le tir va être déclenché. Neuf fois sur dix, quelle que soit la taille du poisson, c'est un succès.

PAGES 92 & 93

Lorsque le fond de sable est tapissé d'étoiles de mer, c'est une mise en scène féerique qui s'offre à nous.

CRESSI
FREE

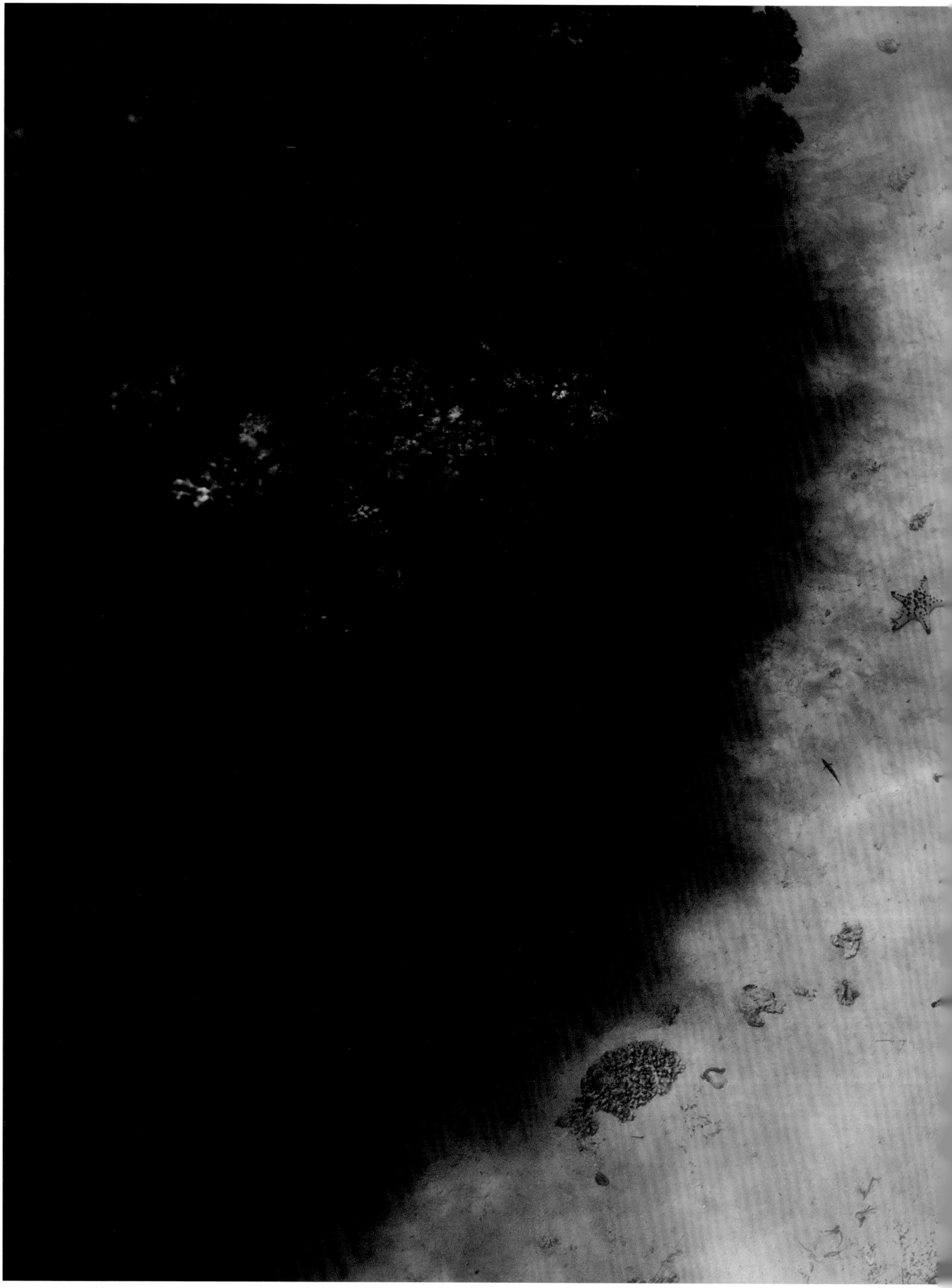

CI-CONTRE

Dans un chapelet de bulles, Salomon s'élance avec son fusil et son lest relié à la surface. Un deuxième bout enroulé autour de sa taille lui permettra de remonter sans effort.

CI-DESSUS

Sans lest ni palme, ce groupe de Bajau plonge moins profond ; ils prospectent le fond en quête d'une proie.

PAGE DE DROITE

Après chaque tir, réussi ou manqué, c'est à chaque fois la même routine. Il faut armer le fusil, tendre le morceau de caoutchouc qui propulsera la flèche et ne jamais quitter le fond du regard.

CI-DESSUS

En lévitation, j'observe cette scène surréaliste. Les deux Bajau évoluent côte à côte, comme lors d'une battue dans la forêt.

EN HAUT & CI-DESSUS

Dans un souci d'efficacité, Juli et Salomon plongent ensemble, parfois jusqu'à 35 mètres. Blotti dans ma combinaison, je les suis discrètement pour ne pas faire fuir leurs proies. J'ai la sensation d'avoir voyagé dans le temps en les observant traquer le poisson à peau nu.

PAGES 100 & 101

Leur gestuelle est d'une grande élégance. Ils semblent avoir développé ce mode de déplacement avec un naturel déconcertant.

CI-DESSUS

C’est un travail d’équipe. À la surface, chacun son rôle. Salomon récupère, le capitaine maintient la banka à l’aide d’une rame qu’il dirige avec son pied, un troisième homme remontera Salomon du fond à son signal.

EN HAUT & CI-DESSUS

Victime de la surpêche industrielle, la zone a été vidée de ses gros poissons. Les Bajau doivent se contenter de proies minuscules pour survivre. De nombreuses heures passées quotidiennement sous la surface leur permettent à peine de nourrir le village.

PAGES 104 & 105

Les eaux sont souvent calmes ici, au large de l'île de Mindanao. Les milliers d'îles qui forment l'archipel des Philippines sont une protection contre la houle du plein océan.

DAVAO
-11-000055-
Shark

{ JAPON }

La cité *englouties*

CRESSI

Située à l'extrême sud-ouest de l'archipel d'Okinawa au Japon, l'île de Yonaguni abrite une curiosité sous-marine qui hante mes soirées de rêverie depuis des années : « le monument ». Quand Kihachiro Aratake, moniteur de plongée, découvre la structure en 1985, la rumeur traverse les océans jusqu'à l'île d'Elbe, terre d'adoption du légendaire Jacques Mayol où il fut le premier humain à passer la barre des 100 mètres en 1976. Sans attendre, Jacques se précipite au Japon et se rend sur le monument. Il y retournera plusieurs fois. On y raconte qu'il était magnétisé par ce qu'il pensait être les vestiges d'une cité engloutie, la parfaite candidate à l'Atlantide. Kihachiro Aratake est toujours à Yonaguni et y a créé avec son fils un club de plongée. Il y arbore fièrement chaque témoignage du passage du héros du *Grand Bleu* sur son île. Il sera notre guide, avec son fils et mon ami Ryuzo Shinomiya, le champion d'apnée du Japon. À la fin du briefing, ils nous expliquent que les certitudes contradictoires des scientifiques ont bâti la légende du monument. Personne n'a encore résolu l'énigme : naturel ou artificiel, à chacun de s'immerger et de ressentir l'énergie du site. Le bateau nous conduit à une centaine de mètres de la structure. Le courant, selon son humeur, nous portera plus ou moins vite à bon port. Au premier coup d'œil, c'est la stupéfaction. Quelle clarté ! Aucune particule ne perturbe la vision surréaliste. C'est comme si l'eau s'était évaporée et nous avait laissés là, en suspension au-dessus du décor minéral. La pierre blanche nous renvoie généreusement les rayons du soleil qui pénètrent sans obstacle les couches d'eau. Nous pourrions sortir de l'eau, déjà comblés, et en garder pour les autres jours. Mais un léger courant nous enveloppe et nous porte avec douceur vers le monument dressé au loin, dont nous devinons déjà les formes géométriques. À la stupéfaction succèdent la contemplation et l'émerveillement. Je me promène enfin sur l'immense structure et mesure le bonheur de réaliser un vieux rêve. Les angles sont droits, les escaliers réguliers, les sols lisses, les murs forment des couloirs inquiétants, une route semble tracée autour de l'édifice, bâti telle une pyramide. L'imaginaire est abreuvé de symboles qui entretiennent le mythe. Il me plaît à fantasmer que j'évolue sur les terrasses d'une cité immergée. Remontent à la surface des souvenirs de bancs d'école, lorsque parfois l'ennui était le prétexte à la fuite dans l'imaginaire et les rêves. J'anticipais une montée des eaux, me promenais en citadin aquatique dans les couloirs du bâtiment de mon collège, évoluant en apesanteur d'étage en étage, nageant entre les tables de ma salle de classe. Si les funestes prédictions des climatologues se réalisent et que l'urbanisation outrancière de notre littoral est engloutie par l'inexorable montée des océans, les apnéistes du XXIIe siècle auront un terrain d'exploration infini. Naviguant entre passé et futur, cette plongée sur la structure de Yonaguni est une expérience hors du temps. Pour ne rien gâcher, tortues et gros poissons se succèdent avec insouciance. Certains jours, le courant se réveille et nous permet un bref survol du monument. Nous attendons l'approbation de l'océan pour une nouvelle visite. Pour mieux ressentir le dessous, nous découvrons le dessus lors de ces pauses forcées. Il y a peu d'âmes sur ce petit bout de terre, quelques villages seulement où règne une sérénité qui contraste avec l'agitation des grandes mégalopoles nippones. Tous les soirs, à 17 heures, à l'approche du soleil couchant, quelques enfants se retrouvent et, jusqu'à la nuit tombée, se jettent d'un petit pont surplombant les eaux limpides du port. Yonaguni s'est mise à l'écart de la frénésie de notre monde, les heures semblent s'y écouler avec plus de douceur qu'ailleurs. Je repars sans certitude sur l'origine humaine ou naturelle du lieu, mais avec une intuition que je garderai pour moi. Qu'importe, l'énergie particulière du lieu m'aura envoûté, hypnotisé, apaisé.

GN

#1

#2

#3

#4

#5

#1 & #2

Un plongeur en bouteille armé d'un fusil de chasse sous-marine… Nous sommes peu habitués à cette association.

#3

Mystérieuse inscription sur l'île de Yonaguni, dans l'archipel d'Okinawa.

#4 & #5

Le fruit de la pêche. Agréable surprise : nos chasseurs en bouteille reviennent avec peu de poissons. Soit ils ont su être raisonnables, soit les poissons, malgré les bulles d'air, sont restés très méfiants.

PAGES 108 & 109

S'aventurer sur le monument de Yonaguni, c'est avant tout déambuler en bipède sur les dalles lisses et imposantes de la structure engloutie.

À GAUCHE

Ryuzo est un ami de longue date, multiple recordman en profondeur du Japon. Il est notre soutien logistique et sécurité. Yonaguni est son terrain de jeu.

À DROITE

Nous sommes en plein mois d'août, au cœur de l'été. La chaleur est si écrasante que nous profitons du moindre intermède pour retirer nos combinaisons.

PAGES 114 & 115

Après nos longues et éreintantes journées en mer, flâner sur les rives du petit port de pêche et contempler la lumière de fin de journée est une délicieuse récompense.

PAGE DE DROITE

Plonger, et prendre place dans la géométrie du monument de Yonaguni. Cette photo s'est instinctivement imposée à Franck lors de sa première immersion.

PAGES 118 & 119

C'est sans hésitation mon cliché préféré de Franck sur le monument. Il donne une vraie perspective de la taille imposante de ce colosse minéral sur lequel j'évolue, ainsi que de la clarté de l'eau.

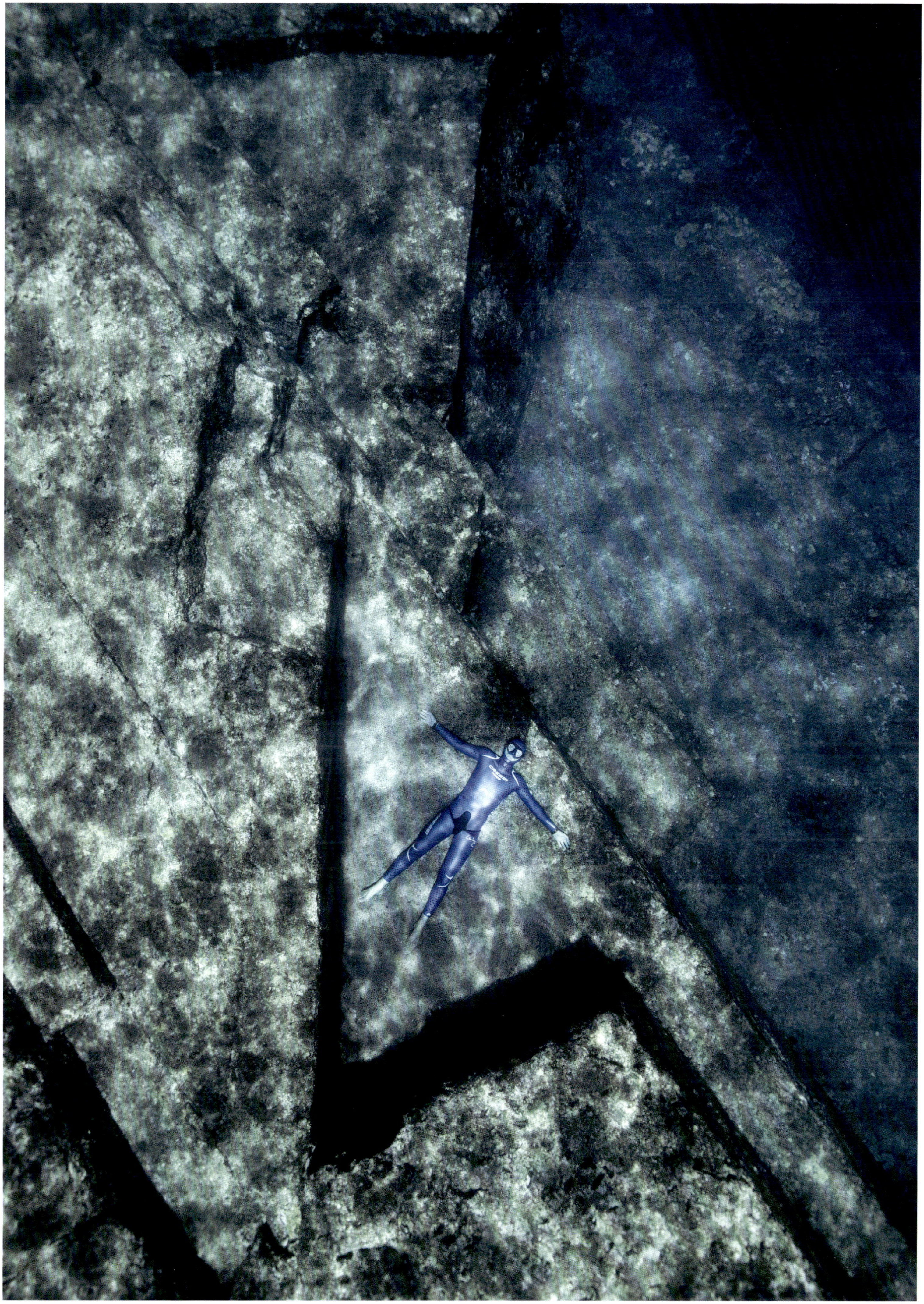

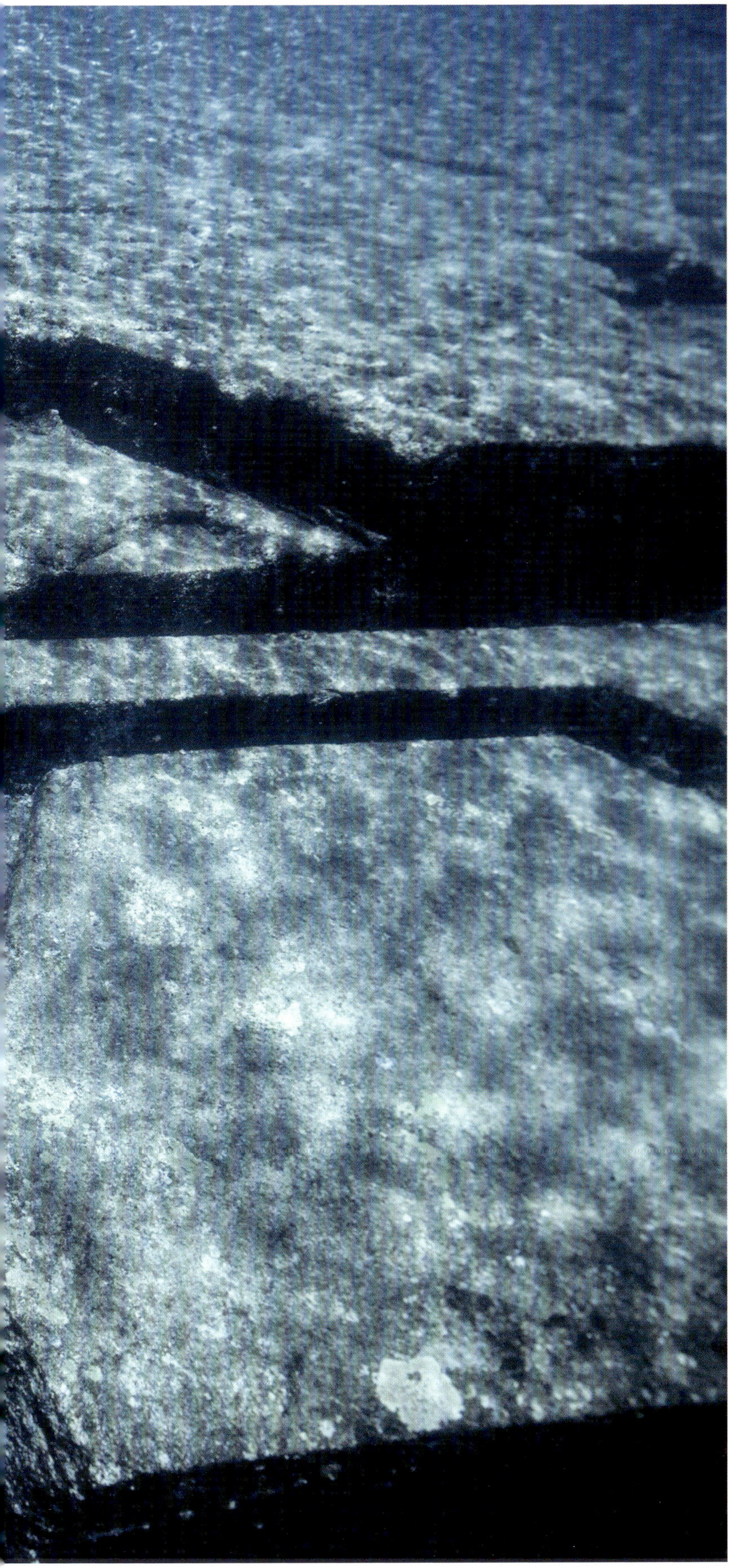

1

2

3

1, # 2 ET # 3

La structure, longue de 75 mètres et haute de 25 mètres, est constituée d'une multitude de plateformes de grès agencées en étages, et connectées par des escaliers à la géométrie quasi parfaite. Les premières dalles sont très accessibles à seulement quelques mètres de fond. Lorsque le soleil est au zénith, le monument renvoie une lumière éclatante.

CI-DESSUS & PAGE DE DROITE

À une centaine de mètres du monument, une autre curiosité retient notre attention. Avec un peu d'imagination, on visualise sans peine une porte ou l'entrée d'un passage secret.

1

2

3

1, # 2 ET # 3

Parfois, le courant se lève et nager contre celui-ci s'avère impossible. J'entame une exploration au pas de course, évoluant de dalle en dalle en bipède aquatique. Pour rester bien ancré au sol, je vide tout l'air de mes poumons, recréant ainsi une gravité artificielle d'une planète imaginaire immergée que j'explorerais.

PAGES 126 & 127

Hésiter, faire le grand pas et s'élancer dans le vide sans craindre la chute. Ce monument est un terrain de jeu pour celui qui laisse son imaginaire le guider dans une exploration du mouvement sans autre limite que l'esprit.

PAGE DE GAUCHE

Lorsque le courant nous porte au-delà du monument, la magie se prolonge. C'est comme si tout était agencé pour nous faire choisir sans hésitation l'hypothèse d'une cité construite par une ancienne civilisation. Dans ce couloir lisse bordé de deux falaises verticales aux allures de bâtiments, j'ai l'illusion de glisser au fond une ruelle abandonnée.

{ FINLANDE }

Sous la glace

Pôle Nord, Antarctique, Groenland. Ma convoitise du monde des glaces a toujours été proportionnelle aux latitudes. La complexité, le budget et le manque de temps nous ont contraints à plus de sobriété, sans compromettre l'exceptionnel. Antero Joki, recordman finlandais en profondeur, réunit chaque année les apnéistes avides d'une immersion en eau froide, dans le lac de Päijänne, au nord de Helsinki. Je connais l'endroit, j'y ai trempé mes palmes il y a quelques années. Malgré l'ambiance si particulière du lieu et l'eau teintée de jaune vif du lac, notre priorité reste la visibilité. Nous résiderons sur les bords du lac Päijänne mais nous choisirons d'explorer le lac Sonnanen, plus modeste, plus sauvage et surtout plus clair. Ce bout de Finlande est autant fait d'eau que de terre, et même avec l'aide d'une carte, il faut avoir grandi ici pour se repérer au cœur de ce labyrinthe. En hiver, la tâche est encore plus complexe. La neige recouvre indifféremment les sols des forêts et la surface des lacs gelés. Même le ciel se dissimule derrière un épais tapis de nuages blancs, si bien que l'horizon ne se devine au loin que par la dense forêt de sapins. Ce décor austère est une invitation à la sérénité, au calme indispensable à notre immersion. Mais la réussite de cette étape nordique dépendra de notre capacité à gérer ce facteur complexe et paradoxal de l'apnée : le froid.

Lorsque le corps y est exposé de façon soudaine, avec brièveté, le temps d'une plongée, alors il est notre allié. Malgré le choc et la perte instantanée de confort, si on parvient à tempérer la crispation, le corps entre dans une hibernation transitoire. Les battements du cœur s'atténuent, le sang fuit les extrémités, le métabolisme est ralenti. Ma consommation d'oxygène est au minimal, et mon potentiel aquatique est décuplé.

Si l'on s'y frotte trop longtemps, il devient un ennemi. Le froid est un opportuniste qui s'engouffre dans les moindres failles, glace le sang et pénètre au plus profond des chairs. Le corps change sa logique, il frissonne, brûle des calories pour maintenir son homéothermie. Il en est alors fini des espoirs de longues apnées confortables ; la seule priorité est de se réchauffer.

Ici, le froid est omniprésent. Aucun autre environnement ne demande une attention si minutieuse dans la préparation. Nous n'avons qu'une priorité, Julie, Franck et moi : la gestion intelligente de notre température corporelle. Il n'y a aucun abri ici, mais Antero nous offre le plus chaleureux des cadeaux : un sauna van. Le concept de cette curiosité nordique nous fait sourire, mais quel bonheur ! Les bûches se consument et inondent notre cabine roulante de chaleur, alors que nous enfilons nos combinaisons. Nous emmagasinons des calories et en faisons de précieuses réserves. Lorsque nous parcourons les cinquante mètres qui nous séparent du site, nos combinaisons fument. Le refroidissement est en route. Chaque minute compte. La veille, Antero a creusé plusieurs trous dans la glace. Ils sont la porte d'entrée vers les tréfonds obscurs du lac, mais surtout notre échappatoire pour une profonde inspiration, lorsque nous serons à court d'air. Quand, enfin, je quitte la surface, je m'abandonne entier à l'eau glacée. Elle est un étau qui enserre chacun de mes membres, une mâchoire qui broie mes mains et mes pieds nus, une griffe qui me lacère le visage. Je reste stoïque, indifférent à la douleur qui me gagne. Je choisis d'ouvrir grand les yeux. En quelques secondes, je suis passé du blanc au noir. Puis mes yeux s'habituent à l'obscurité. Je découvre la face cachée du lac, et ses subtiles nuances de bleu et de vert. La glace filtre la lumière comme si je déambulais à la surface d'une nouvelle planète. La douleur s'est dissipée. J'entends mon cœur battre avec puissance, calme, lenteur. Je ne quitte jamais du regard le trou par lequel je vais sortir, mais je parviens à m'abandonner au bonheur de ce moment suspendu. Bientôt, mon corps se réveille. Le temps d'une dernière brasse, je glisse le long de ce vitrail coloré englouti et rejoins le paysage monochrome de la forêt finlandaise.

PAGES 132 & 133

Le lac Sonnanen est bordé d'un rempart végétal. Ici, le paysage est une juxtaposition sobre, monochrome et austère de forêt et d'étendues d'eau douce gelée.

A GAUCHE

Julie marie avec subtilité la grâce de sa féminité avec sa force de caractère. Cette association lui permet d'affronter les conditions hostiles avec douceur et élégance.

À DROITE

Julie essaye sa caméra dans ce nouveau milieu exigeant. Au-delà du froid, le soleil qui reste caché derrière les nuages rend la lumière timide et insaisissable.

CI-DESSUS

L'équipement de Julie : deux combinaisons de 3,5 mm enfilées l'une sur l'autre, une paire de chaussons et des gants épais. Sous un lac gelé, les mains et les pieds sont les premiers à souffrir du froid.

1

2

3

1 & # 2

Pour le tournage du film avec Julie, la séquence sous glace doit s'imbriquer naturellement au cœur de l'odyssée. Nous devons faire preuve d'imagination pour mettre en scène une entrée et une sortie de l'eau. Antero est le maître d'œuvre sur ses terres.

3

Les températures sous zéro font souffrir les organismes ; la petite bassine d'eau chaude est la bienvenue entre chaque apnée.

CI-DESSUS

Mon appareil photo n'est jamais loin. Entre les prises, je profite d'une pause pour promener mon objectif sous la surface afin de capter un instantané, au travers de ma sensibilité, de ce que m'inspire l'endroit. Souvent, Julie abandonne sa caméra et devient ma muse le temps d'un break.

CI-CONTRE

Malgré le froid qui me lacère le visage, je dois rester de marbre et ne montrer aucun rictus de douleur. Julie est sous l'eau et enregistre chacun de mes gestes jusqu'à mon retour en surface.

CRESSI
FREE

CI-DESSUS

Premier contact. Les pieds sont à nu. Quelques secondes avant, je les maintenais confortablement dans l'eau tiède. Instantanément, ils sont soumis à la morsure du froid.

PAGE DE DROITE

Première immersion. Je laisse mon corps, et plus particulièrement visage, pieds et mains crier leur douleur. J'observe ce toit de glace au-dessus de moi. Garder en ligne de mire le trou de sortie me permet de rester serein.

CI-CONTRE

Au-dessus de la glace transparente, une couche de neige fraîche s'est déposée pendant la nuit. Le ciel est voilé par des nuages blancs épais. La lumière qui me parvient est douce, et l'obscurité du fond du lac accentue ses nuances.

PAGE DE DROITE

Quand la sensation de froid se dissipe enfin, je commence à jouer avec les perspectives. J'abolis le haut, le bas, la gauche et la droite. Le plafond devient tantôt le plancher, tantôt un mur infranchissable. Le noir demeure une zone interdite et de perdition, pareil au vide interstellaire. La surface de glace, elle, tel un corps céleste, exerce son attraction sur mon corps d'humain.

CI-DESSUS

J'ai un besoin viscéral d'entrer en contact avec la glace. L'hostilité de la température contraste avec la douceur de sa surface, lisse. Çà et là, quelques bulles d'air prisonnières créent un relief mouvant.

CI-DESSUS

Lorsque mon temps disponible s'amenuise, je reprends ma nage pour rejoindre le trou de sortie. Inlassablement, je varie mes modes de déplacement selon mes besoins.

PAGES 150 & 151

Dans l'océan, quand le besoin de respirer devient pressant, le chemin vers la première inspiration est d'une logique implacable, en suivant la verticale. Au cœur de la prison glacée, une issue, qui inconsciemment résonne comme la voie de la liberté retrouvée.

PAGES 152 & 153

Les conditions ne sont pas optimales pour faire de l'apnée, encore moins pour un tournage, mais le décor glacial reste somptueux.

CRESSI
FREE

{ POLYNÉSIE }

Derrière le mur des requins

À tout juste 20 ans, auréolé de mon premier record du monde d'apnée, je réalise enfin une immersion hors de la Méditerranée, à Hawaii, dans les eaux du Pacifique. Depuis, je n'ai cessé d'y promener mes palmes : la Nouvelle-Calédonie, le Japon, la Basse-Californie, les Galápagos... autant d'immersions qui m'ont marqué au fer rouge. Pourtant il manquait quelque chose, quelque chose d'impalpable et d'irrationnel tant les rencontres sous-marines ont été riches. Je navigue en périphérie alors que je veux pénétrer le cœur de l'Océanie. En arrivant pour la première fois en Polynésie française, c'est comme une évidence, une intuition qui se confirme : elle est ici, l'âme du Pacifique. C'est un coup de foudre géographique, esthétique et culturel. L'identité du peuple polynésien s'est construite au fil des millénaires par nécessité, dans une relation entière, exclusive et harmonieuse avec l'océan. Mon odyssée aquatique passera forcément par là. D'abord les Tuamotu, le seul des cinq archipels polynésiens constitué uniquement d'atolls. Nous choisissons celui de Fakarava, eldorado des plongeurs en bouteille, deuxième plus grand atoll de Polynésie. Ici, ni relief ni montagne, mais un anneau géant de sable et de corail où seuls les cocotiers strient l'horizon. À l'intérieur, Paris et son agglomération y tiendraient largement. Deux passes, au nord et au sud de l'atoll, permettent au lagon de se remplir puis de se vider à chaque marée. Cette respiration de l'océan crée à l'intérieur des passes un courant rentrant (de l'océan vers le lagon) à la marée montante, et un courant sortant à la marée descendante. Nous concentrons notre attention sur la passe sud, mise en lumière ces dernières années par le photographe naturaliste français Laurent Ballesta et ses « 700 requins ». Sané, maître des lieux, nous accueille dans sa pension à Tetamanu, sur les bords de la passe. Le site est irréel. À peine plongeons-nous la tête sous l'eau, sous les pontons de la pension, que nous découvrons une orgie de vie où nagent et s'entrecroisent, indifférents, requins, napoléons, bancs de poissons multicolores. Je peux sereinement laisser ma fille Maï-Lou en gardienne de cet aquarium naturel alors que j'irai sonder les profondeurs de la passe à la rencontre des requins. Peu d'espèces cristallisent autant la peur des hommes du monde animal. Dans les livres, les films, et bien sûr les médias, nous lui avons bâti une bien mauvaise réputation. Ils sont pourtant les seigneurs des mers, la clef de voûte d'un écosystème en équilibre fragile. Ici, ils sont en lieu sûr, sous la haute protection de l'Unesco. Quand le courant rentrant atteint son intensité maximale, les requins lui font face et se regroupent au centre de la passe. Sané nous fait signe. C'est le moment. Cette passe est son jardin, il connaît ses humeurs. Le bateau nous largue côté océan et nous nous laissons porter vers le lagon. J'enchaîne les apnées entre 20 et 30 mètres de fond et traverse plusieurs groupes de squales indifférents à ma présence. Tout juste s'écartent-ils pour me laisser libre le passage. C'est une vision éblouissante que de survoler dans cette eau limpide ce couloir où virevoltent les requins gris. Cependant, je ne trouve pas le fameux « mur de requins » qui a motivé notre venue. Nous essayons encore et encore. Sané nous éclaire. La forte houle qui sévit en ce moment remplit le lagon qui ne cesse de se vider, malgré la marée montante. Le courant est donc plus faible et les requins sont plus épars. La nature n'est pas à notre service. Nous reviendrons ! Cap au sud, dans l'archipel des Australes, sur l'île de Rurutu. Dans ces latitudes plus basses, nous sommes venus à la rencontre des baleines à bosse. Comme tous les ans après quelques mois de festins, elles quittent l'Antarctique à la fin de l'été pour mettre bas et dorloter leurs baleineaux dans la douceur des eaux du Pacifique. Autour de la paisible île, dans la petite baie d'Avera aux eaux claires et peu fréquentées, il n'est pas rare de compter une dizaine de baleines au repos. Trois jours durant, nous avons sillonné la côte ouest, aperçu quelques cétacés timides et peu enchantés par l'idée de nous rencontrer, mais aucune mise à l'eau. Nous nous rendons à l'évidence : la saison est déjà trop avancée. L'épopée polynésienne nous aura enseigné l'indispensable humilité qu'il convient de garder dans toute exploration. La nature ne se consomme pas, elle exige de la patience, un certain sens d'adaptation et une capacité de renoncement. Mon ami Denis Grosmaire, l'homme le plus profond de Polynésie et résident de Moorea, la petite sœur de Tahiti, nous rassure. Les baleines sont encore bien présentes autour de son île. Si nous changeons nos plans, il sera notre guide avec son ami Patéa, l'homme qui murmure à l'oreille des baleines. La décision s'impose, nous rentrons sur Moorea. Le « mana », force spirituelle, surnaturelle, cosmique, accessible à celui qui veut le recevoir, imprègne enfin le dernier jour de notre odyssée. Et quelle inoubliable dernière journée ! Nous croisons d'abord un groupe de six baleines bien agitées. Il y a du bruit, des ronronnements, des coups de queue. La surface bouillonne. Une femelle se fait courtiser par cinq mâles, nous prévient Patéa derrière qui nous restons sagement dans l'attente d'une accalmie. Le harcèlement n'est pas l'apanage des *Homo sapiens*. La baleine est tenace, les mâles se résignent mais restent en groupe. Nous les rejoignons enfin. Je suis intimidé, mais serein dès le premier contact, contrairement à ma première rencontre avec les cachalots. Sous la surface, elles dansent et promènent avec grâce leurs longues pectorales qui semblent vouloir nous étreindre. Quand vient l'heure du repos, elles se posent entre deux eaux à portée de notre regard. Pendant les vingt minutes qu'elles passent en apnée, immobiles, elles m'offrent une leçon de calme et de patience. Flotter, ne rien faire et s'abandonner à les contempler. Entre deux siestes, elles remontent s'abreuver de quelques gorgées d'air, nous offrent de précieuses secondes de proximité avant de rejoindre le calme bleu. Il arrive un moment où, las de notre présence, d'un coup de nageoire caudale, elles filent en quête de tranquillité et nous abandonnent à notre condition de *Sapiens* aquatique. Je m'immerge une dernière fois et m'enivre du chant des baleines qui imbibe l'océan en cette saison. Je repars de Moorea avec une certitude : c'est ici qu'avec Julie et Maï-Lou nous reviendrons poser pour un temps nos valises et nous reconnecter à l'essentiel : l'océan, la nature, l'univers, la simplicité et nous-mêmes.

GN

1

2

PAGES 156 & 157

Moorea, à l'entrée de la baie d'Opunohu. La végétation de l'île, petite sœur de Tahiti, déborde de montagnes et s'invite à la lisière du lagon.

1

Chaque matin, nous empruntons ce petit pont qui relie notre motu à la pension de Tetamanu, sur les bords de la passe sud de Fakarava.

2

À Fakarava, au pied des paillotes, la baignade est surveillée par des petits requins pointes noires. Maï-Lou et moi faisons connaissance avec ces gardiens de l'eau.

CI-DESSUS

Quelques bungalows les pieds dans l'eau, posés le long du lagon.

CI-DESSUS

Nous avons passé trois jours à scruter l'océan autour de l'île de Rurutu, dans l'archipel des Australes, en quête d'une mise à l'eau avec une baleine à bosse. En vain. Elles avaient déjà entamé leur long périple vers l'Antarctique.

1, # 2 & # 3

Les pêcheurs de l'île de Rurutu. Pendant notre court séjour sur place, ils ont mis à notre service leur connaissance de la géographie et leur expérience des baleines. En vain. Nous reviendrons, car il règne sur ce petit bout de terre au sud de la Polynésie un climat particulièrement bienveillant.

4

Sané, le maître des lieux à Tetamanu, m'observe alors que je bricole un système de bouée et de lest pour me permettre d'atteindre le fond de la passe sans effort.

5

Patience. La passe aux requins est changeante. Il faut attendre que la combinaison de la marée, du courant et de la lumière soit optimale pour maximiser nos chances.

#1

#2

#3

#4

#5

CI-DESSUS

Les voilà. Par 25 mètres de fond, je croise les premiers squales de la passe. Les requins gris constituent la majorité des individus. Le courant n'étant pas encore assez fort, ils restent volatils et dispersés.

PAGE DE DROITE

Je dérive au fond de la passe, sans effort, et j'aperçois au loin un premier mur d'une trentaine de requins. Ils sont en rangs serrés. Franck, ses bouteilles sur le dos, sous la supervision de Sané, m'accompagne et tente de respirer calmement pour se faire le plus discret possible.

PAGES 166 & 167

Les requins sont nombreux, mais nous n'arriverons pas à capter la vision du mur tant espéré. La météo, pour la première fois, n'a pas été avec nous.

CI-DESSUS

Une baleine et son petit tentent d'échapper à l'insistance d'un mâle esseulé. J'assiste à la scène en témoin privilégié.

CI-CONTRE

Alors que les mégaptères ont quitté Rurutu, elles sont encore en grand nombre autour de Moorea et Tahiti. Ma première vision restera gravée à jamais : je me pose entre deux eaux et un groupe de six baleines croise mon chemin.

PAGE DE DROITE

Les baleines passent et repassent frénétiquement près de nous, totalement indifférentes à notre présence. Des grognements, des souffles rauques… il règne une atmosphère belliqueuse au sein du groupe. Cinq mâles se disputent et harcèlent une femelle.

PAGES 172 & 173

Nous tournons avec Julie la séquence finale de mon odyssée par 25 mètres de fond. Je rencontre une maman et son petit, escortés par un mâle. Après un face-à-face de quelques secondes, nous continuons chacun notre chemin. Julie saisit l'instant sur le capteur de sa caméra. Elle est en apnée, et malgré le besoin de respirer, elle restera stable jusqu'à la fin du plan. Heureusement, Patéa et Denis veillent sur nous en surface.

PAGE DE GAUCHE

L'eau est cristalline, le bleu est sombre. Une baleine passe sous moi. Elle semble immobile : pourtant elle avance vite. Je glisse avec elle l'espace de quelques secondes d'un vol partagé.

CI-DESSUS

Il arrive qu'un ou plusieurs dauphins se mêlent au groupe pour un moment de jeu.

PAGES 176 & 177

Il est de coutume de nommer les instants qui suivent la disparition du soleil derrière l'horizon, « l'heure bleue ». Sous ces latitudes, rose, rouge, orange et or colorent tour à tour le ciel du début de soirée.

{ MAKING OF }

Les coulisses du voyage

C'est un pari, un saut dans l'inconnu. Des destinations jetées avec insouciance sur un bout de papier. Il n'y a pas vraiment de limites dans le champ des possibles, hormis le temps qui, contrairement à notre imagination, ne peut s'étirer à l'infini. Il faut renoncer, beaucoup. Notre choix s'articule autour d'un sens, d'une symbolique forte à notre épopée, qui puisse convenir au projet de livre avec Franck et au film tourné avec Julie. Il y a cinq ans, je rêvais de réaliser une série en plusieurs épisodes, se déroulant dans un monde fantastique englouti, avec des personnages issus chacun d'un univers aquatique différent : les glaces, l'océan, l'eau douce, etc. Il me manquait le liant que me permettrait de créer une histoire. Des notes accumulées sur des carnets, des documents sur divers lieux entassés dans un coin de mon bureau, des pages Internet classées dans des dossiers abandonnés de mon vieil ordinateur furent les graines fertiles qui purent germer grâce à une longue maturation dans les recoins de mon imaginaire. Cela devient doucement une évidence. Le projet sera une odyssée qui témoignera de la diversité de notre monde aquatique. Il y aura des océans et du grand bleu, de l'eau douce, des animaux symboliques, des peuples de l'eau, le mythe de l'Atlantide, le monde des glaces. C'est une grande fresque qui prend forme. Ce sont ensuite les réalités du terrain et de nos emplois du temps qui achèveront de définir une liste précise et un ordre dans les destinations.

Le premier voyage va déterminer une direction artistique que nous devrons suivre par la suite. Ma tenue, par exemple, est choisie collégialement avec Franck et Julie. Franck opte sans concession pour le bleu et son rendu futuriste qui créera un contraste fort avec le décor naturel. Julie approuve. De mon côté, j'impose l'évolution sans palmes. Sous l'eau, je ne serai pas un plongeur, ni un nageur. Je suis un homme aquatique et je veux marcher, courir, sauter, voler, grimper, le tout avec légèreté, libéré des contraintes de la pesanteur terrestre.

Nous devons ensuite opter pour une méthode de travail. Mon attitude et mon positionnement diffèrent selon le mode de prise de vue. Pour Julie et sa caméra, je me déplace, je suis toujours en mouvement, je poursuis une quête, mon odyssée bleue. Pour Franck et son appareil photo, je prends plus la pose, je dois jouer avec la lumière et ne jamais oublier d'orienter une partie de mon visage vers l'objectif. Naturellement et instinctivement, c'est souvent la même routine que nous avons installée. Je commence avec Julie, dès le premier jour. On teste, on découvre l'espace, on apprivoise la masse d'eau, sa température, sa clarté, ses caprices. Franck vient dans l'eau, mais a besoin de temps pour s'imprégner de l'énergie du lieu. Il observe, analyse, compose déjà mentalement ses futurs clichés, avant même que son appareil ait quitté son sac. À chaque mise à l'eau, il nous propose son aide avec une générosité sans limite. Franck sait attendre son heure avec patience et détachement. Quand vient son tour, il se métamorphose. Des semaines d'attente ont forgé une envie, une détermination, une force d'âme qui lui permettent d'affronter les pires conditions avec flegme, calme et sérénité. Bien souvent, c'est une seule photo, qu'il a imaginée en détail et avec laquelle il veut repartir de son périple, qui dirige la séance. Une fois en boîte, toutes les autres ne sont que du bonus. Franck n'est pas de ces boulimiques du déclenchement que l'avènement de la photo numérique a pu fabriquer. Il est précis et travaille avec efficacité. Il n'est pas adepte du « au cas où », qui consisterait à me faire répéter une infinité de situations, accumulant frénétiquement des clichés aléatoires dans l'espoir d'y piocher une mise en scène réussie. Dans les décors sous-marins vierges, comme les cénotes ou le monument de Yonaguni, la session est scénarisée. Peu de place laissée au hasard. Pour les rencontres animalières, il faut laisser une part d'improvisation, de chance et de lâcher prise. Nous avons acquis, en dix ans de collaboration et d'amitié, un certain flair, et nous nous positionnons l'un par rapport à l'autre avec beaucoup d'intuition. Cette connexion est probablement l'ingrédient essentiel pour la réussite de notre projet.

Et puis il y a l'équipe. Seuls, une telle entreprise est impossible. Nous plongeons en apnée et rien n'est envisageable sans la surveillance de nos anges gardiens. Nicolas, Wilo, Julien, Rodrigo, Louis, Odessa, Carlo, Ryuzo, Monique, Denis, Patea, Antero, Maria, Kiki… ils sont si nombreux à avoir veillé sur nous, compagnons éphémères mais sans qui ce projet n'existerait pas. Grâce à eux, nous plongeons avec assurance. Parfois, mes apnées sont très engagées. Malgré quelques plombs dissimulés sous ma combinaison, j'expire mon air pour m'affranchir d'Archimède qui me maintient en surface. Mes poumons vidés, je gagne en liberté de mouvement ce que je perds en autonomie et en temps disponible. À la caméra, Julie ne peut compter que sur son souffle et son talent. Quand elle filme en apnée, son attention est accaparée par le cadrage et la stabilité. Son esprit et son corps sont en tension, l'oxygène est consommé sans modération. La sécurité est aux aguets pendant que nous sommes rompus à notre tâche. Franck travaille soit en apnée, proche de la surface pour saisir le maximum de lumière, soit en bouteille si l'action se déroule en profondeur.

Enfin, il y eut l'aventure familiale. Je ne pouvais envisager de partir sans partager avec notre fille cette expérience si unique et enrichissante. Je n'oublierai jamais son émerveillement lors de son premier face-à-face avec les cachalots, ses éclats de rire à cheval sur les pirogues des Bajau, ses apnées le long des champs de coraux multicolores. Pour elle, le moment fort, ce fut Fakarava. Sa passe sud, son oasis de vie et ses baignades à rallonge encerclée par des dizaines de requins l'ont inondée de souvenirs impérissables.

GN

1

2

3

4

PAGES 180 & 181

Rencontre totalement fortuite, en pleine eau, avec un requin baleine solitaire, alors que nous cherchions un groupe de cachalots. La magie est dans l'imprévu.

PAGE DE GAUCHE

1

En ce dernier jour exceptionnel autour de l'île Maurice, les cachalots nous ont offert le luxe d'enlever nos costumes habituels pour un moment d'interaction désintéressé. Nous avons emmené notre fille dans l'eau, impressionnée dans un premier temps par les cétacés. Petit à petit, agrippée au dos de Julie, elle s'est laissé apprivoiser, elle aussi. J'ai pris alors mon appareil photo pour fixer ce moment si riche en symboles, qui a lui seul résume la richesse de notre aventure.

2

Pendant quelques minutes, caméra à la main, je me suis mué en photographe, Julie devenant une fois de plus ma muse.

3

Le photographe photographié. C'est le monde à l'envers ! Avec grand bonheur, je tire le portrait de Franck en tenue de travail.

4

Lorsque nous filmons avec Julie, je suis concentré sur une gestuelle cohérente, en harmonie avec le reste du film. Franck demeure discret et immortalise ces précieux moments.

PAGES 186 & 187

1

Louis, binôme de Franck pour les photos profondes réalisées dans les cénotes.

2

Après certaines sessions profondes en apnée, Julie récupère quelques minutes avec de l'oxygène pur.

3

Repérage sur un premier cénote très peu profond pour tester lumière, matériel, et surtout pour récupérer après un long voyage.

4

Noyé dans une végétation luxuriante, faite de branches et de racines, je prends mes premières poses.

5

Parfois nous travaillons dans 1 mètre de fond au maximum, pour chercher cette lumière si particulière.

6

Nous avons l'intuition que certaines situations ne figureront pas dans le casting final. Mais elles permettent de nous ajuster, Franck et moi, dans un nouvel univers.

7

En faible profondeur, nous pouvons beaucoup échanger entre les prises, la surface n'étant jamais loin.

8

L'envers du décor à la surface. Tout le monde s'affaire et il est difficile de s'imaginer, avant la première immersion, la limpidité de l'eau et le volume gigantesque de la cavité.

#1

#2

#4

#3

#5

#6

#7

#8

1

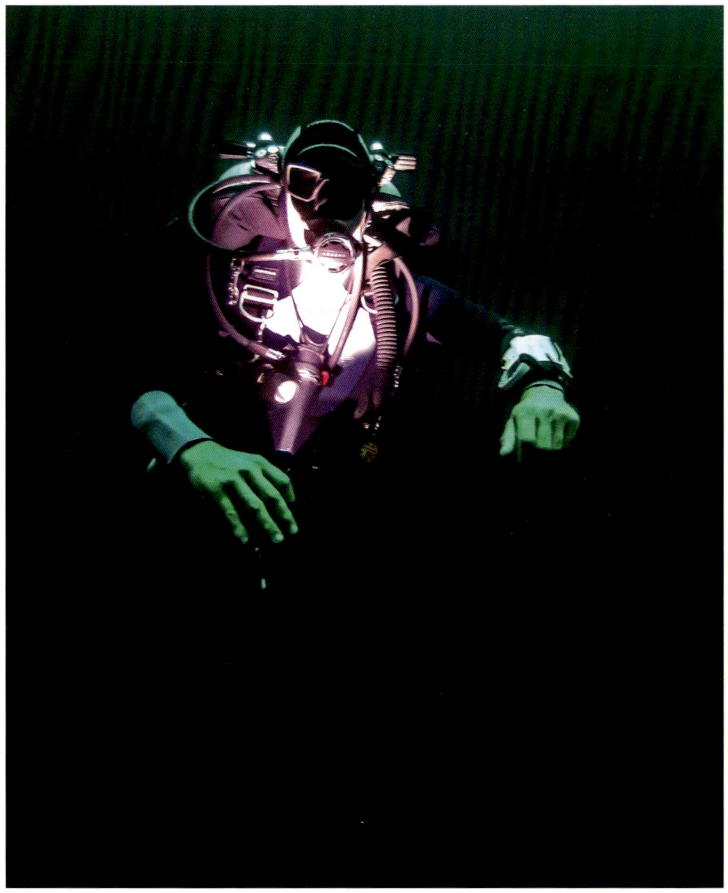

2

3

4

PAGE DE GAUCHE

1

Nous n'utiliserons aucune photo de cette série réalisée lors de notre première immersion mexicaine.

2

Alors que je récupère quelques minutes à la surface, Franck improvise une session de photos avec son nouveau modèle, Louis !

3

Quel bonheur ce fut pour moi de m'offrir une immersion dans le décor surréaliste de Yonaguni, sans combinaison, dans l'eau à 31 degrés, avec mon appareil photo !

4

Portrait terrestre de Franck, l'homme de l'ombre. J'ai dû insister pour qu'il se prête au jeu de la pose !

PAGES 190 & 191

1

Une affaire de famille. Nous avons missionné notre fille certains jours pour nous aider à chercher les souffles des cachalots.

2

Ambiance de fin de journée, après huit heures infructueuses sur l'eau autour de Rurutu. Quel que soit le résultat, passer une journée entière sur l'eau nous comble de bonheur.

3

Finlande. Entre chaque apnée frigorifiante, Julie et moi révisons le scénario du court-métrage onirique que nous tournons.

4, # 5 & # 6

En apnée ou en bouteille, peu importe le moyen que Franck utilise, seul m'importe le cadre de sa photo ; il est au service de l'image et pas de la performance.

7

Franck et Louis improvisent un selfie à 30 mètres de fond, alors que je récupère en surface.

#1

#2

3

4

5

6

7

Achevé d'imprimer en Espagne en décembre 2018 par Indice S.L.,
sur papier provenant de forêts gérées de manière durable.